D1666929

Mein liebenswertes
Bingen

von Franz Josef Cigler

Geiger-Verlag Horb am Neckar

Umschlag

Vorderseite: Bingen von Hitzkofen aus gesehen

Rückseite: Bahnhofstraße um 1916

Quellennachweis

Hauptstaatsarchiv
Staatsarchiv Sigmaringen
Archiv des ehem. Landes Baden in Karlsruhe
Erzbischöfliches Archiv Freiburg
Foto Privatarchiv Cigler

Inhaltsverzeichnis

Gewidmet meinen Enkeln
Marco, Jessica, Rocco

ISBN 978-3-86595-208-0

Geiger-Verlag, 72160 Horb am Neckar
www.geigerverlag.de
1. Auflage 2007
GD 0419 07 8 BB
Layout: Brigitte Nießing
Druck: Geigerdruck GmbH, 72160 Horb am Neckar

Gedruckt auf 100 % chlorfrei gebleichtem Papier.

Vorwort

Vor zwanzig Jahren habe ich mein erstes Werk über die Gemeinde Bingen herausgebracht und aufgezeigt, wie schön und gut es sich in unserer Gemeinde leben lässt. In dieser Zeit ist mir Bingen zur Heimat geworden, und es ist eine Liebe zu ihr entstanden. Deshalb der Titel „Mein liebenswertes Bingen".

Bürgermeister Paul Mayer (von 1978 bis 2002) hat wesentlich an der Infrastruktur dazu beigetragen, dass sich die Bürger hier wohlfühlen.

Der jetzige Bürgermeister Jochen Fetzer setzt alles daran, das Erbe fortzusetzen, so dass jeder Bürger hier zu Hause ist.

Was meines Erachtens für eine intakte Gemeinde wichtig ist, das sind die Vereine. Diese bieten allen Bevölkerungsschichten die Möglichkeit sich dort zu entfalten, sei dies im Sport oder in der Musik, aber auch im Kulturellen. All dies wird in unserer Gemeinde geboten. Bei uns ist es für die Einwohner wichtig, dass sie Geborgenheit fühlen und diese finden sie in den Organisationen dieser Gemeinde, das haben die großen Feste gezeigt, die hier schon stattgefunden haben. Ich wünsche mir für unsere nachfolgende Generation, dass dies fortgeführt wird, dass die Pflanze Verein, wie sie Bürgermeister Fetzer bei der Amtseinsetzung im Jahr 2005 des neuen Kooperator/s (Kaplan) einmal sagte, nicht verwelkt oder gar austrocknet.

Wichtig ist, dass eine Gemeinde ihr Gesicht nicht verliert, ansonsten verliert sie auch die Identität.

In dieser Schrift soll die Geschichte der Ortsteile nicht dargestellt werden, da jeder Ortsteil für sich eine eigene Vergangenheit hat. Diese ist es wert, dass jede für sich behandelt wird.

Franz Josef Cigler

Die Gemeinde stellt sich vor

Im Jahr 1138 wird Bingen durch das Kloster Zwiefalten erstmals erwähnt.

Bingen gehörte damals zu diesem, es hat hier einige Spuren hinterlassen. In der Pfarrkirche Mariä Himmelfahrt wurden die Plastiken und die Bilder sowie die ehemalige Krone mit einigen Nebenbauten vom Kloster Zwiefalten in Auftrag gegeben.

1231 wurde der Ort Bingen erstmals urkundlich erwähnt, denn es wird das Gut Booz (das sich in Bingen befand) an die Schwestern von Mengen verkauft.

Wie Bingen zu seinem Namen kam, ist bis heute noch nicht sicher. Fest steht, dass es ein Adelsgeschlecht von Bingen im 12. Jahrhundert gab (Cod. Sal. III Nr. CLXV 486), von wo aus sich der Name ableiten lassen könnte.

Ich habe in Urkunden des Öfteren Namensgleichungen festgestellt, die auf die damalige Schreibweise zurückzuführen sind, zum Beispiel Buningen, Büngen, Bengen.

1935 wurden in der Kleingasse neben der Gaststätte Hahn, die am 5. September 1981 abbrannte, Funde aus der Alemannenzeit entdeckt, aus der sich schließen lässt, dass es damals schon eine Siedlung gab.

Solche Namensgleichungen mit der Silbe **gen** gibt es in der ganzen Umgebung, die alle aus der Alemannenzeit hervorgegangen sind.

Heute hat sich der Ort Bingen zu einer ansehnlichen Gemeinde emporgearbeitet.

Die Einwohnerzahl beträgt ca. 2800 Personen.

600 Meter über dem Meer liegt die Hauptgemeinde, wobei Hochberg 210 Meter höher (810 m) liegt. Gemarkungsfläche der Gesamtgemeinde sind 3730 ha.

1971 wurden Hornstein, 1975 Hitzkofen und Hochberg nach Bingen eingemeindet.

Es dauerte eine Zeit lang, bis sich die Bürger der Ortsteile daran gewöhnten, dass sie nicht mehr selbstständig sind.

Jetzt ist dies selbstverständlich, dass wir eine Gemeinde sind.

Der Gasthof zum Hahn 1910.

Wanderung durch meine Gemeinde

Ein Spaziergang durch die Gemeinde macht mich schon stolz, dass wir eine Infrastruktur haben, die sich so manche Gemeinde wünscht. Es ist hier alles vorhanden, das zum Leben, aber auch zur Gesundheit Notwendige wird geboten. Alles, was der Bürger braucht, ist vorhanden, so dass er hier leben kann.

Hier werden Leib und Seele in Einklang gebracht.

Was die Wirtschaft angeht, wurden einige Fehler gemacht, es sind zwar Arbeitsplätze vorhanden, die jedoch nicht für alle ausreichen. Deshalb müssen viele in die benachbarten Orte zur Arbeit gehen. Die Gemeinderäte hatten es in der Vergangenheit meiner Meinung nach versäumt, zum richtigen Zeitpunkt Plätze auszuweisen, damit Industrie ansiedeln kann. Es wurde an jedem Eck ein Bauernhof erstellt, so dass diese Möglichkeit nicht mehr besteht. Gar manchem Bürger ist dies recht, denn der Dorfcharakter bleibt so erhalten. Den Ortskern erhalten und neu gestalten, dies wurde in den letzten Jahren des Öfteren getan.

Für die Veranstaltungen hat die Gemeinde 1989 eine neue Halle erstellt, dort sind das Jahr über alle möglichen Begegnungen. Die Sandbühlhalle soll für jeden Bürger da sein, damit in dieser Kommunikation stattfinden kann. Gerade in dieser schnelllebigen Zeit, in der die Menschen aneinander vorbeilaufen, ist es wichtig, dass solche Kommunikationsräume in den Ortschaften vorhanden sind.

Uns wird Natur umsonst geboten, denn die ist im Übermaß vorhanden.

Es sind Wanderwege um den ganzen Ort angelegt, so dass der Erholungssuchende diese auch nutzen kann.

In unmittelbarer Nähe befindet sich das Bittelschießer Täle, wo gewandert werden kann.

Seit geraumer Zeit können aus Gründen des Naturschutzes in diesem keine Feste mehr stattfinden, dort wurden wunderschöne Feste abgehalten, die manchem noch in guter Erinnerung sind.

Zur Gemeinde zugehörig ist seit 1971 die Ortschaft Hornstein, sie bietet den Besuchern das ganze Jahr über in der Ruine Veranstaltungen jeglicher Art. Diese ziehen Tausende von Besuchern nach Hornstein, was nicht immer dem Wohle der Einwohner dient. Die Ruine wurde in mehrjähriger Arbeit durch den Förderverein renoviert, so dass die vorhandene Bausubstanz erhalten werden konnte.

Wer ebenfalls auf Ruhe und Erholung setzt, der kann dies im Mosteltal bei Hitzkofen (Richtung Wilflingen), das seit 1975 zu Bingen gehört, tun. Im Ortskern wurde die Sankt Wolfgangskapelle renoviert, die am 11. Juni dieses Jahres neu eingesegnet wurde von Dekan Erich Andris.

Hochberg, das ebenfalls 1975 in die Gemeinde integriert wurde, bietet nicht nur im Sommer den Erholungshungrigen eine schöne Landschaft, im Winter können diese auch die Loipe benutzen. Ich glaube, dass es kaum eine Gemeinde in vergleichbarer Weise gibt, die dies alles bieten kann, eine gute Infrastruktur, und die bezaubernde Landschaft, die den Ausgleich zur Arbeit schafft, Erholung pur.

Es ist nur zu hoffen, dass unsere nachfolgende Generation dies ebenfalls erhält, wie wir es taten.

Vereine

Vereine sind Zusammenkünfte mehrerer Personen, die es sich zur Aufgabe gemacht haben, Traditionelles weiter zu tragen und zu pflegen. In unserer Gemeinde gibt es seit über einhundertfünfzig Jahren Vereine.

Dies bedeutet, dass über so eine lange Zeit hinweg ein Verein sich etablieren muss, um Mitglieder zu halten.

Heute haben die Organisationen und Vereine mit den Freizeitangeboten wie Fitness oder anderem zu kämpfen. Die Bürger wollen in der heutigen Zeit keine verantwortlichen Lasten auf sich nehmen, deshalb müssen die Vereine die Lasten teilen, denn es ist eine hohe Verantwortung, einen Verein zu leiten. Ob dies die Musik, das Deutsche Rote Kreuz oder der Turn- und Sportverein ist: Alle Mitglieder verpflichten sich, wenn sie in sie eintreten, dass sie für den Verein in voller Verantwortung stehen.

Eben dafür haben sich die Verantwortlichen Vereinsstatuten erstellt, wonach sich jedes Mitglied zu richten hat.

Statuten gibt es schon, seit Vereine bestehen.

In diesen werden die Strukturen und Aufgaben eines jeglichen Vereines beschrieben, wonach sich jedes Mitglied verpflichtet, diese einzuhalten.

Am sichtbarsten ist dies bei der Pflege eines Brauchtums wie die Narrenzunft, die ja nur bedingt während der Jahreszeit auftritt. Bei ihr muss die Pflege der Häser (Kleidung) ganz besonders berücksichtigt werden, da diese auf die Örtlichkeit abgestimmt ist. Wer die Statuten der Narrenzunft kennt, weiß, dass die Person mit einem Narrenhäs ohne die Zunft die Gemeinde nicht verlassen darf, ansonsten kann der Ausschluss erfolgen.

Dies sind harte Maßnahmen, die aber durchgeführt werden müssen, um Ordnung in einen Verein zu bringen, ansonsten werden Brauchtum und Wirklichkeit verfehlt.

Dies trifft für alle Organisationen wie Vereine zu.

Es wäre schade, wenn eine Gemeinde wie die unsrige, in der das Vereinsleben noch harmonisch ist, dieses verlieren würde, denn eine Gemeinde ohne Vereine ist keine lebendige Gemeinde.

Aufführung der Vereine in unserer Gesamtgemeinde

Musikkapelle	gegründet 1846	DRK Bereitschaft	gegründet 1966
Turnverein	gegründet 1849	Fischereiverein	gegründet 1981
Gesangverein	gegründet 1858	Feuerwehr Bingen	gegründet 1866
Kirchenchor	gegründet 1868	Feuerwehr Hitzkofen	gegründet 1867
Militärverein	gegründet 1872 ab 1954	Feuerwehr Hornstein	gegründet 1901
Kyffhäuserkameradschaft	aufgelöst 2005	Feuerwehr Hochberg	gegründet 1884 15. März
VDK	gegründet 1946	Reit- und Fahrverein	gegründet 1986 21. März
Frauengemeinschaft	gegründet 1889	CDU Bingen	gegründet 1973
Schützenverein	gegründet 1961	Junge Union	gegründet 1987
Schützenmusik	seit 1998	MC Schwaben	gegründet 1982
Pfadfinderschaft	gegründet 1961	Förderverein Ruine Hornstein	gegründet 1987
Narrenzunft	gegründet 1967	Rentnertreff	freie Vereinigung

Vereine und ihre Arbeit

Pfarrer Edwin Müller segnete das neue Fahrzeug der Feuerwehr Abt. Bingen 2001, er ist zugleich Notfallseelsorger und gehört somit der Feuerwehr an. Die Feuerwehr wurde 1866 gegründet. Damals hatten die Wehrmänner noch keine so moderne Ausrüstung wie heute, denn heute werden die Männer nicht nur zu Bränden, sondern zu Verkehrsunfällen, aber auch zu Katastrophenfällen gerufen.

Beim Pfingstlager der Pfadfinder 1987 besuchte Weihbischof Paul Wehrle die Kameraden des DRK Bereitschaft Bingen, das 1966 gegründet wurde.

Der Turnverein bei einem Fest in Trochtelfingen 1913, er wurde 1846 als Turngemeinde Bingen ins Leben gerufen.
Heute zählt der Turnverein mit seinen 965 Mitgliedern zu den stärksten Vereinen, denn Turnen macht ja bekanntlich gesund.

1946 trennte sich die Sportgruppe vom Turnverein und gründete einen eigenständigen Sportverein.
Von links: Abt.-Leiter Gottfried Pfister, Karl Heinz Schneider, Engelbert Reitze, Siegfried Gauggel, Dieter Hahn, Wilfried Schirmer, Friedrich Schober, Horst Mayer. Kniend: Albrecht Widmer, Alwin Michler, Hans Gönner, Edwin Wolf und Trainer Georg Fleisch. Ein Bild von 1967.

Schützenverein

Schützenverein Hitzkofen/Bingen bei der Fahnenweihe 1991 am 30-jährigen Jubiläum. ▷

Schützenmusik, die von Paul Lang 1998 ins Leben gerufen wurde. Zu hören sind die Musikanten in der ganzen Umgebung, aber auch zur Unterhaltung der deutschen Soldaten im Kosovo.

Kulturtragende Vereine bzw. Gruppen

2005 konnte die Musikkapelle Bingen/ Hitzkofen ihr 160-jähriges Jubiläum feiern. Bei allen möglichen Festlichkeiten spielt sie auf.

Fanfarenzug, eine Untergruppierung der Narrenzunft. Er wurde 1980 von Paul Lang ins Leben gerufen.

*Liederkranz Bingen, den es seit 1858,
damals Gesangverein, gibt.
Er trägt einiges dazu bei, das kulturelle
Leben zu bereichern.*

*Kirchenchor, hier bei einer
Fronleichnamsprozession vor der
Anna-Kapelle.*

Liederkranz Bingen 1963

Von links unten: Kaspar Schrök, Wilhelm Widmer, Georg Käppeler, Lehrer Hausch, Erich Schneider, Josef Huber, Karl Käppeler, Bernhard Schneider, Johann Maier;

2. Reihe: Robert Daubenberger, Josef Graf, Fidel Vogel, Sophia Gönner, Trudel Käppeler, Traudel Schneider, Ernst Vogel, Adolf Grom, Xaver Schirmer, Kaspar Buck;

3. Reihe: Egon Widmer, Martha Zimmermann, Mechthilde Stehle, Hildegard Deschler, Lotte Maier, Lore Schrök, Angelika Baur, Kathi Scheffold, Heinrich Schröck;

4. Reihe: Hildegard Müller, Margret Stauss, Helga Raible, Lisa Fleisch, Brunhilde Einhart, Hilde Knoll, Christel Scheffold, Willi Klaiber, Heinrich Unterschütz;

5. Reihe: Anton Knoll, Johann Graf, Karl Renner, Heinz Obert, Marianne Dannegger, Gertrud Buck, Hedwig Deschler, Alfons Schneider, Peter Schneider, Christian Leyn, Erich Knoll.

Schulchor und Liederkranz von 1958

1. Reihe sitzend: Herbert Speh, Hans Peter Bardon, Ute Steuer, Mechthilde Fleisch, Angelika Baur, Gerlinde Schober, Marianne Sreng, Lore Scheidle, Christel Zimmermann, Martha Will, Elisabeth Brandt;
2. Reihe: Lore Schrök, Rosa Schober, Karl Anton Döllmaier, Wilfried Schirmer, Unbekannt, Unbekannt, Brunhilde Einhart, Mechthilde Stehle, Klothilde Fleisch, Lehrer Hausch, Christel Kernler, Traudel Schneider, Willi Buck, Luzia Napper, Rosmarie Dreher, Renate Lang, Karl Josef Michler;
3. Reihe stehend: Gertrud Buck, Ingrid Senfle, Hildegard Deschler, Luise Gönner, Marianne Unterschütz, Ingrid Abt, Rosanne Mayer, Wally Deschler (Hornst.), Margarethe Stauß, Christa Kaut, Hannelore Glunk, Christel Scheffold, Renate Stoss, Hans Peter Gönner, Anton Engel, Lisa Fleisch, Christel Winkler;
4. Reihe stehend: Claudia Kampka, Theresia Schober, Marianne Dannecker, Helga Raible, Anita Ludy, Willi Wiehl, Bernhard Zechling, Elfriede Schneider, Ingrid Kampka, Berthild Amann, ? Rayh, Albert Hirlinger, Wolfram Schirmer, Jürgen Bruns.

Das Bräuteln wird in unserer Gemeinde 1689 das erste Mal erwähnt; auf der Stange sitzt Bürgermeister Jochen Fetzer, der am Fasnachtsdienstag an die Kinder Süßigkeiten verteilt.

Ein Bild von 1985.
Der Benger Schnäpper, er wurde 1977/78 als Narrenfigur geschaffen. Der Narrenzunft untergeordnet sind die Bräutlingsgesellen und der Hans Hödiö sowie der Zunftrat.

Reit- und Fahrverein

Der erste Eulogiusritt am 19. Juni 1988.

Ein schöner alter Brauch wurde 1988 wiederentdeckt und bis heute durchgeführt.

Veränderung der Gemeinde

So sah der Zeichner Bingen 1879, denn Fotos gab es noch nicht.

Über 130 Jahre später hat sich der Ort wesentlich erweitert.

Bingen

Die Gemeinde präsentiert ihre Ortsteile Hochberg, Hornstein und Hitzkofen.

Vom Leuteberg her kommend um 1950.

Einblick in die Hauptstraße und Laucherstraße 1940.

1985 von Hitzkofen her, im Vordergrund der Bau der Hohenzollerischen Bushalle.

19

Im Hintergrund der Ortsteil Hitzkofen mit dem Neubaugebiet Frauenstein 1990.

Eine fast völlig veränderte Steggasse, mit Blick auf den Leuteberg 1995.

An den Bildern lässt sich erkennen, wie schnelllebig sich das Gesicht der Gemeinde verändert.

Kirche im Wandel der Zeit

Die Geschichte in Text und Bildern

Im Jahre 1138 wird Bingen zum ersten Mal in der Zwiefalter Klosterchronik schriftlich erwähnt.

Die Pfarrei besteht seit über 700 Jahren. Im „Lieber decimationis" von 1275, einer Nennung der damaligen Pfarrei, wird Bingen schon als Pfarrei aufgeführt. Im Jahre 1448 erhielt das Kloster Zwiefalten, das damals eine wohlhabende Reichsabtei war, vom Hause Habsburg das Patronatsrecht über die Kirche in Bingen, samt Zehnten in Bingen, Hornstein und Hitzkofen.

Die Pfarrei besteht seither unverändert. Ihrer engen Verbindung mit dem Kloster Zwiefalten, das im Jahre 1803 säkularisiert wurde, verdankt die Kirche **„Mariä Himmelfahrt"** ihre Kunstwerke.

Das Wappen der Gemeinde Bingen deutet ebenfalls auf die enge Verbindung mit Zwiefalten hin. Die obere Schildhälfte ist im Wappen des Klosters Zwiefalten angeglichen, zwei Schrägstreifen und sieben Sterne.

Der goldene Hirsch in der unteren Schildhälfte zeigt die Zugehörigkeit zu Hohenzollern-Sigmaringen.

Am 3. März 2005 ging die Pfarrei Mariä Himmelfahrt mit der Kirchengemeinde Sigmaringendorf in eine Seelsorgeeinheit über.

Der letzte Umbau 1994, der nur ein halbes Jahr dauerte.

2003 durfte Abt Laurentius Hoheisel sein Goldenes Priesterjubiläum in unserer Pfarrgemeinde feiern.
Aus diesem Anlass kamen der Erzabt em. Hieronymus (Beuron), Abt Franziskus (Neuburg), Abt Arno (Maria Laach)
sowie sein Neffe Pfr. Klaus Fietz und andere Geistliche.

Ein Gruppenfoto mit den Äbtissinnen und Äbten, die zum Goldenen Priesterjubiläum von Abt Laurentius Hoheisel OSB (sitzend) in unsere Pfarrgemeinde gekommen sind. Abt Laurentius ist seit 2002 an den Sonntagen Gast in unserer Kirche, er hat seinen Ruhesitz im Josefinenstift in Sigmaringen.

Kirchliche Bräuche

Fronleichnam 1953 in der Hauptstraße.

Fronleichnam in der Hauptstraße, 1967.

Fronleichnam: Heute beginnt der Weg an der Anna-Kapelle vorbei über die Egelfinger Straße zur Sandbühlhalle, wo ein Teil des Wortgottesdienstes stattfindet. Im Schulhof wird der Gottesdienst bis zum Schlusssegen, der in der Kirche erteilt wird, abgehalten. 2004

Am Palmsonntag, eine Woche vor Ostern, werden in unserer Gegend Palmen aus den Eiern, die während der Fastenzeit ausgeblasen und verzehrt wurden, bemalt und als Kronen aufgesteckt. Nach der Segnung der Palmen werden diese an die Häuser angebracht und so zur Schau gestellt. 2007

Stolze Kinder mit den Palmen. 1987

Thomas Pudelski beim Rätschen 1990.

Am Karfreitag verstummen die Glocken und fliegen nach Rom, erst in der Osternacht erschallen sie und verkünden die Auferstehung Christi. An diesen Tagen werden mit einer aus Holz gebauten Rätsche die Glocken ersetzt. Auf dem Bild in der Mitte ist der jetzige Pfarrer von Laiz, Christoph Neubrand aus Bingen. 1990

*Die Heiligen Drei Könige aus den
Jahren 1991 und 2004.
Sie sammeln für Arme in der Dritten
Welt und gehen von Haus zu Haus,
um das Geld zu erbitten. Dafür wird
an die Haustür der Spruch C M B
und die Jahreszahl angebracht.
C für Christus, M für Mansionem,
B für Benedicat.*

Bürger der Gemeinde

Bürgermeister a. D. Paul Mayer, von 1978–2002 war er das Gemeindeoberhaupt; in dieser Zeit wurden viele Bauvorhaben unter der Erde sowie über der Erde realisiert. Für diese Verdienste wurde er bei seiner Verabschiedung zum Ehrenbürger der Gemeinde ernannt. Rechts im Bild sein Nachfolger, der frühere Kämmerer Jochen Fetzer. 2004

Tanja Gönner, Umweltministerin des Landes Baden-Württemberg. Geboren in Sigmaringen, aufgewachsen hier in Bingen; nach der schulischen Ausbildung studierte sie Jura in Tübingen.
Danach arbeitete sie an verschiedenen Stellen als Referendarin in einer Anwaltskanzlei.
Seit 2002 ist Frau Gönner in der Bundes- bzw. der Landespolitik tätig. 2004 holte sie Ministerpräsident Teufel als Sozialministerin des Landes Baden-Württemberg nach Stuttgart.
Seit Mai 2005 leitet sie das Umweltministerium.

*Primiz von Christoph Neubrand am
28. Mai 2000.
In der Pfarrkirche Mariä Himmelfahrt in
Bingen.
Mit 28 Jahren wurde er von Erzbischof
Oskar Saier in Freiburg zum Priester
geweiht. Nach seinen Vikarzeiten in Ostrach
und Gammertingen ist er nun als Pfarrer in
der Seelsorgeeinheit in Laiz.*

*Der Mittelpunkt der Gemeinde ist der Laden „Ihre Kette"
bei Hildegard, dort trifft sich Alt und Jung zum Einkauf,
gleichzeitig erfährt er hier das Neueste vom Ort und dem
Rest der Welt.*

*Frau Trina Widmer genießt die Neuigkeiten bei einer
Tasse Kaffee beim Echsle/Schneider.*

Die Jahrgänge 1953 bis 1956 mit Schwester Philippa und Tante Erna Schneider.

Jahrgang 1961 bei der Einschulung.

Im Sommer 1943.
Von links: eine Kindergärtnerin,
Karl Diener senior, Anton Senfle,
Tochter Anne Marie, Johanna Diener
und Sohn Karl Diener.

Kindergarten um 1968.
Links Sr. Gottwalda und rechts Frau Anni Einhart.

*Jahreshauptversammlung der Kyffhäuser
1987 im Gasthaus Sonne Hornstein, das in
der Zwischenzeit geschlossen wurde.*

*Von links: Josef Schneider Hornstein,
Fridolin Einhart, Herbert Giese,
Anton Löffler, Hornstein 1987.*

An der Hauptstraße wird auf dem Bänkle das Verflossene vom Tag diskutiert. Von links: Reinhold Schrök, Lisel Stehle, Klara Baur, Elfriede Baur, Helene Gauggel.

Drei Rentner in der Fußgängerzone in Pecs/Ungarn. Karl Flöss, Alfons Schneider, Horst Lang.

1968 vor dem Haus Meßmer.
Von links: Joachim Meßmer; vorne die Schwestern Wilhelmine Buck, Julie Meßmer, Helene Scanlan, Maria Schaaf;
hinten Cornelius Scanlan und Patrik Scanlan, die in Amerika mit ihrer Mutter leben.

Jahrgang 1927 und 1928 beim 40er-Fest vor dem Gasthof Hahn in der Kleingasse.

Stefan Kaut, Gemeinderatsmitglied und einer der bekanntesten Bürger dieser Gemeinde, 1997.

Das Wartehäusle stand vor dem Haus Gfrörer, um 1950.

Wie viele leben schon nicht mehr auf diesen Bildern.

1985, eine gesellige Runde im Gasthaus Engel.

Pfarrer Kovacs stammte aus Ungarn, er hatte öfters Gäste aus seiner Heimat bei sich, so dass auch hier gefeiert wurde, ein Bild von 1989.

Bernhard Glaser, Johann Vogel und Franz Rettich, Bingen, mit J. Flöß von Inneringen, 1982.

Auf dem Weg zur Molke wird Josef Deschler (Fef) Hornstein von den Dorfmädchen begleitet, 1965.

*Einige Bilder von der Altenfeier 1990,
die alle zwei Jahre stattfindet.
Es werden von der Gemeinde alle
Bürger über 70 Jahre eingeladen.*

*Diese Bilder zeugen von einer guten
Harmonie in unserer Gemeinde, denn
die Altennachmittage sind immer gut
besucht.*

Bei den Altenfeiern gibt es Kaffee und Zopfbrot, und danach Getränke jeder Art. Die Vereine gestalten den Nachmittag.

An den geraden Jahreszahlen werden die älteren Bürger von der Gemeinde eingeladen, an den ungeraden lädt der CDU Ortsverband Bingen ein. Ein Bild von 1991.

*Altennachmittag beim
150-jährigen Jubiläum der
Musikkapelle Bingen-
Hitzkofen 1995 im Festzelt.*

*Beim Burgfest in Hornstein 1998
nach dem Gottesdienst.*

Ein Stammtisch der Rentner,
er findet jeden Mittwoch statt.
Von links: Karl Fleisch,
Herman Gfrörer, Gottfried
Pfister, Johann Gassner und
Albert Maier (von hinten),
2002 im Gasthof Lamm.

Franz Koch, Karl Flöss, Willi Hank,
Karl Anton Sauter, 2002.

1994 auf dem Schulhof; links Tija Feineigl, Fanny Scheidle, Emma Michelberger und Rosa Schmid.

Sie warten auf die Pferde zum Eulogiusritt, 1999.

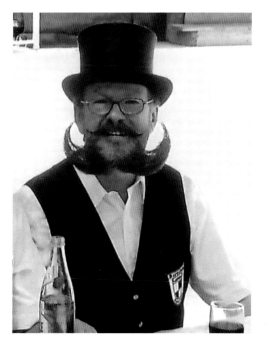

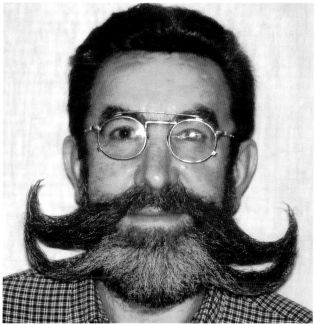

Markante Gesichter dieser Gemeinde, die in ganz Europa ihre Bärte zur Schau stellen, diese werden dann von einer Jury bewertet.

Links oben:
Paul Lang in Amberg 2006 bei der Europameisterschaft für Vollbart Freistil gestylt, dabei erreichte er den 7. Platz.

Rechts oben:
Wolfram Schirmer, er hat den gleichen Bart wie sein Mitstreiter Paul Lang.

2002. Seit einigen Jahren verbringt Sr. Christina Göser ihren Urlaub in ihrer Heimatgemeinde Bingen.

Die Lehrer an der Grundschule 1987.
Von links: Frau Wiest, Schulleiter H. Josef Neuburger, Herr Wolf, Frau Kowalski, Frau Dietzer, Frau Rampenthal.